प्लस माइनस....

Abhishek Shweta Jain

BookLeaf Publishing
India | USA | UK

Made with ❤ on the BookLeaf Publishing Platform
www.bookleafpub.in
www.bookleafpub.com

Dedication

कभी-कभी अल्फ़ाज़,

हमसे नहीं–
हमारी ख़ामोशियों से जन्म लेते हैं...
ये किताब उन्हीं लम्हों की दास्तान है,
जब दिल ने कुछ कहना चाहा,
मगर ज़ुबाँ ख़ामोश रही,
और तब–
एक क़लम ने मेरी तरफ़ से बयाँ कर दिया...
इन सफ़्हों में आपको
कोई बड़ी दास्तान नहीं मिलेगी,
बस छोटे-छोटे एहसास हैं,
जो कभी बारिश बनकर बरसे,
तो कभी धूप बनकर ठहरे...
अगर इन अल्फ़ाज़ में आपको
अपनी सी कोई बात मिल जाए,
तो समझिए–
ये किताब सिर्फ़ मेरी नहीं रही...

Preface

कुछ एहसास ऐसे होते हैं जो अल्फ़ाज़ में ढलने से पहले दिल में एक लंबी ख़ामोशी बनकर ठहर जाते हैं। यह मजमूआ उन्हीं ख़ामोशियों की आवाज़ है—एक ऐसा सफ़र, जहाँ मोहब्बत की नमी है, जुदाई की टीस है, और ज़िंदगी की हक़ीक़तों का धुंधलका भी।

इन सफ़्हों में मौसमों का बदलता मिज़ाज है—कभी बहार की लताफ़त, तो कभी ख़िज़ाँ की ख़ामोश गिरती पत्तियाँ। ठीक वैसे ही जैसे इंसान का दिल भी कभी इश्क़ में भीगता है, तो कभी फ़िराक़ में सूख जाता है। यहाँ हर नज़्म एक मौसम की तरह है—लम्हाती, मगर गहरी; सादा, मगर अपने अंदर बेशुमार मआनी समेटे हुए।

यह मजमूआ महज़ जज़्बात का इज़हार नहीं, बल्कि इंसानी फ़ितरत का आईना भी है। इंसान के वजूद में एक अजीब कशमकश है—वह मोहब्बत भी चाहता है और इख़्तियार भी; वह क़ुर्बत भी चाहता है और अपने ही बनाए दायरों में दूसरों को महदूद भी कर देता है।

इसी फ़ितरत में कहीं एक गिलगमेश छिपा है—वही गिलगमेश जो अबदी होने की तमन्ना में वक़्त और मौत को शिकस्त देना चाहता है। अमर होने का यह लालच, यह ख़्वाहिश-ए-बक़ा, इंसान को उसकी हदों से आगे ले जाती है; मगर अक्सर इसी जुस्तजू में वह अपने अंदर की रूहानी नरमी, अपनी इंसानियत की लताफ़त खो बैठता है। वह मरकज़ बनना चाहता है—हर शय का पैमाना—और यहीं से उसका इम्तिहान शुरू होता है।

और यही फ़ितरत क़वानीन भी बनाती है—मयार तय करती है, हदें खींचती है। जैसे एक रोज़ प्लूटो को सैयारों की सफ़ से जुदा कर दिया गया, वैसे ही इंसान भी अपने बनाए उसूलों के तहत यह फ़ैसला करता है कि कौन शामिल होगा और कौन महरूम। यह अमल सिर्फ़ फ़लक तक महदूद नहीं; यह हमारे मुआशरे, हमारे रिश्तों और हमारे अंदर भी जारी रहता है। हम हर रोज़ किसी न किसी "प्लूटो" को अपने दायरों से बाहर करते रहते हैं—कभी ख़ामोशी से, कभी नियमों के नाम पर।

इस मजमूआ की नज़्में इन्हीं तहों के दरमियान जन्मी हैं—जहाँ इश्क़ है, मगर फ़ासला भी; जहाँ निज़ाम है, मगर एहसास की कमी भी; जहाँ इंसान है, मगर अपनी ही तख़्लीक़ की क़ैद में गिरफ़्तार।

मेरे लिए लिखना महज़ एक फ़न नहीं, बल्कि एक ज़रूरत रहा है—अपने अंदर के शोर को सुकून देने की, अपने सवालात को राह देने की। हर नज़्म मेरे उस हिस्से का बयान है, जो अक्सर दुनिया के सामने ख़ामोश रहता है, मगर अंदर लगातार गुफ़्तगू करता रहता है।

मैंने इन अल्फ़ाज़ को किसी एक मफ़हूम में क़ैद करने की कोशिश नहीं की है। ये खुली हुई खिड़कियाँ हैं—आप चाहें तो इनमें अपने मौसम तलाश कर सकते हैं, अपने जज़्बात महसूस कर सकते हैं, या अपनी ही दास्तान पढ़ सकते हैं। अगर इन नज़्मों में आपको अपने दिल की कोई हल्की-सी धड़कन सुनाई दे, या कोई पुरानी याद दस्तक दे, तो यही इस कोशिश की असल कामयाबी होगी।

आख़िर में, मैं अपनी हमसफ़र का ख़ास तौर पर शुक्रगुज़ार हूँ, जिनकी ख़ामोश समझ, सब्र और मोहब्बत ने मुझे हर उस लम्हे में

थामे रखा, जब अल्फ़ाज़ बिखरने लगे थे। उनकी मौजूदगी ने इन तहरीरों को सिर्फ़ शक्ल ही नहीं दी, बल्कि उन्हें मआनी भी अता किए। यह मजमूआ कहीं न कहीं उनकी उसी बेआवाज़ रफ़ाक़त का भी नतीजा है।

Acknowledgements

मैं इस मजमूआ की तकमील पर उन तमाम लोगों का दिल से शुक्रगुज़ार हूँ, जिनकी मोहब्बत, हौसला-अफ़ज़ाई और ख़ामोश रफ़ाक़त ने इस सफ़र को मुमकिन बनाया।

सबसे पहले, मैं अपनी हमसफ़र श्वेता का ख़ास तौर पर शुक्रिया अदा करना चाहता हूँ, जिनकी सब्र, समझ और बेज़ुबान मोहब्बत ने हर उस लम्हे में मेरा साथ दिया, जब अल्फ़ाज़ बिखरने लगे थे। उनकी मौजूदगी मेरे लिए सिर्फ़ सहारा नहीं, बल्कि इल्हाम भी रही है।

मैं अपने प्यारे बच्चों तेजस और देवांशी का भी दिल से आभारी हूँ, जिनकी मासूम मुस्कानें और सादगी भरे लम्हे मेरे लिए हमेशा एक नई रोशनी और सुकून लेकर आए। उनके साथ बिताए गए छोटे-छोटे पल ही मेरे भीतर के एहसासों को ज़िंदा रखते हैं।

मैं अपने परिवार, दोस्तों और अहबाब का भी शुक्रिया अदा करता हूँ, जिनकी गुफ़्तगू, साथ और हौसले ने इन तहरीरों को एक मुकम्मल शक्ल दी।

उन तमाम अनदेखे लम्हों, एहसासों और तजुर्बों का भी शुक्रिया, जिन्होंने इन नज़्मों को जन्म दिया। अगर ये अल्फ़ाज़ किसी दिल तक पहुँचते हैं, तो यह उसी मोहब्बत और तवज्जो का नतीजा है, जो मुझे आप सब से मिली।

1. सियासत

सुनो अहल-ए-महफ़िल! ये दास्तान-ए-वतन है,
जहाँ हर लफ़्ज़ में छुपा दर्द-ए-अंजुमन है।

ये मुल्क-ए-हिंद है, मोहब्बत की निशानी,
मगर सियासत ने बदली इसकी हर इक कहानी।

कभी वादों की बारिश, कभी ख़्वाबों का सौदा,
हक़ीक़त का चेहरा मगर रहता है आधा-अधूरा।

कुर्सी की हवस में बदले कितने किरदार,
लबों पे इंक़िलाब, दिल में बस कारोबार।

कभी मज़हब के नाम पे तक़सीम-ए-दिल होती है,
कभी ज़ात के साये में तौहीन-ए-अमल होती है।

मगर ऐ वतन! तुझसे मोहब्बत कम न होगी,
तेरी फूलो की ख़ुशबू कभी कम न होगी।

गली-गली में अब भी जज़्बा-ए-वफ़ा ज़िंदा है,
हर दिल से यही सदा—"मेरा हिंद ज़िंदा है!"

2. गमला

गमले में लगा पौधा ही हूँ मैं.....

बुनियाद सिमटी है बस एक हद में मेरी,
बारिश के बहते पानी से
कहाँ मिला हूँ मैं।

शाख़ें बढ़ने से पहले
कट जाती हैं मेरी,
आसमान के उड़ते परिंदों से
कहाँ मिला हूँ मैं।

दीवारों के सहारे
एक छत के नीचे रहता हूँ मैं,
दरख़्तों की छाँव से
कहाँ मिला हूँ मैं।

शहर की बुलंद इमारत में,
सातवें माले पर रहता हूं
एक फ़्लैट में...
.गमले में लगा पौधा ही हूँ मै....

3. उसने यूं ही

एक दिन उसने मुझे कुछ यूं छोड़ दिया ..
जैसे तोते ने कुतर के पेड़ पर,
कच्चा आम छोड़ दिया

जिंदगी की तेज धूप में जब छांव ना मिली...
उसका खत निकाला जेब से
और ओढ़ लिया

देहातो में शाम जैसे हो जाती है, जल्दी सूनी....
उसने ऐसे हालात में
मुझे छोड़ दिया

उससे मिल ना पाऊं कभी,
मील के पत्थरों को

उसने तोड़ दिया

4. प्लस माइनस

बच्चे जब से बड़े हुए, मेरी छाँव में अब कोई खेलता नहीं,
बुज़ुर्ग दरख़्त की ये अजीब सी शिकायत है।

दास्तानें क़ैद हैं संदूकों में, अब कोई उन्हें सुनता नहीं,
नन्हे हाथों को अब मशीनों की ही सोहबत है।

अरसे से बारिशों में नहाया नहीं, चाँद के साथ सोया नहीं,
गाँव का आँगन तन्हा है—उसे मेरी ज़रूरत है।

थक गया हूँ, भागता फिरता हूँ शहर की भीड़ में,
माँ की गोद में सो जाऊँ—थपकियों की बड़ी क़िल्लत है।

मंदिरों, मस्जिदों में सबके अपने-अपने ख़ुदा हैं,
हर किसी की अपनी-अपनी इबादत है।

चलो बादलों के क़रीब चलें, आसमाँ में कहीं ठहरें,
दुनिया में नफ़रत बहुत है—सरहदों की सियासत है।

5. डॉ हरिसिंह गौर

गुज़रते बादलों से आया है ये पैग़ाम,
भेजे हैं किसी ने जन्नत से ख़त—महके मगर गुमनाम।

उसका वो अकेला ही प्यार था,
सूनी कर गया हर एक शाम।

सलीके से लिखा उसने बुद्ध का मिज़ाज,
कि बुद्ध भी मुस्कुराएँ—ऐसा कर गया काम।

बेतरतीब सी तुकबंदी है मेरी,
उसके सजदे में लाखों सलाम।

दिया तुमने जो कुछ भी जहाँ को,
आज तक न हुआ ऐसा दूसरा नाम।

ये कोह-ए-इल्म, जिसके तुम बादशाह,
इसका मिलता नहीं कोई अंजाम।

ज़र्रे-ज़र्रे में तेरी सोच की तस्वीर नुमाया है,
तेरे दम पर ही दुनिया में बढ़ा है मेरा दाम।

....

डॉ. हरिसिंह गौर।

डॉ. गौर का जन्म 26 नवम्बर 1870 को सागर (मध्य प्रदेश) में हुआ। अत्यंत साधारण परिवार में जन्म लेने के बावजूद उन्होंने अपनी प्रतिभा और कठिन परिश्रम से उच्च शिक्षा प्राप्त की और विधि के क्षेत्र में अंतरराष्ट्रीय ख्याति अर्जित की।

वे केवल एक महान विद्वान ही नहीं थे, बल्कि एक दूरदर्शी समाज सुधारक भी थे। उन्होंने यह समझ लिया था कि किसी भी राष्ट्र की प्रगति का मूल आधार शिक्षा है। इसी उद्देश्य से उन्होंने अपनी जीवन भर की कमाई और संपत्ति दान कर

डॉ. हरिसिंह गौर विश्वविद्यालय की स्थापना 1946 में की।

यह विश्वविद्यालय आज भी ज्ञान, अनुसंधान और सामाजिक चेतना का एक प्रमुख केंद्र है।

डॉ. गौर ने समाज में व्याप्त कुरीतियों, विशेषकर महिलाओं की शिक्षा के अभाव के खिलाफ आवाज उठाई। वे मानते थे कि जब तक समाज के हर वर्ग को समान अवसर नहीं मिलेगा, तब तक सच्ची प्रगति संभव नहीं है।

विधि के क्षेत्र में भी उनका योगदान अत्यंत महत्वपूर्ण रहा। उन्होंने कानून को केवल न्याय का माध्यम नहीं, बल्कि समाज सुधार का उपकरण माना।

यह अत्यंत खेद का विषय है कि इतने महान व्यक्तित्व को अभी तक भारत रत्न से सम्मानित नहीं किया गया है।

Passing cloudes, His only love, spirit of Buddism ,Random rhymes उनकी लिखी कुछ किताबें है।

6. हिटलर

एक नाम... नफ़रत

वो दाग़ था...
एक ज़ालिम

या शायद
एक ख़्वाहिश–
जो हद से आगे निकल गई थी।

उसे फ़तह करनी थी–
ज़मीन नहीं,
ज़ेहन...
और शायद
वक़्त की रफ़्तार भी।

वो अपना नाम
संग-ए-सख़्त पर नहीं,
तारीख़ की धड़कनों पर लिखना चाहता था–
कुछ ऐसा

जो फ़ना न हो।

गिलगमेश की तरह
उसे भी
बक़ा की तमन्ना थी—
मगर उसने
मोहब्बत नहीं,
नफ़रत को रास्ता चुना।

शहर जलते रहे...
और वो
नक़्शे बनाता रहा—
सरहदों के,
इंसानों के,
ख़्वाबों के भी।

कौन रहेगा...
कौन जाएगा...
ये फ़ैसले
इतने सादा कब होते हैं?

मगर उसने किए—
जैसे फ़लक से
एक प्लूटो को
सैयारों की महफ़िल से
आहिस्ता-सा जुदा कर दिया जाए...

और अजीब बात ये है–
ज़मीन पर भी
कुछ ऐसा ही होता रहा...

वो चला गया,
मगर एक साया छोड़ गया–
आईनों में,
तारीख़ में,
और हमारी रूहों में भी।

अब भी कभी-कभी
वो साया
हमारे लफ़्ज़ों में उतर आता है,
हमारे फ़ैसलों में,
हमारी ख़ामोशियों में...

कभी
जब हम किसी को
अपने दायरे से बाहर करते हैं,
या
किसी नाम को
उसकी पहचान से छोटा कर देते हैं–

तो लगता है,
वो शख़्स
कहीं गया नहीं...

बस
हमारे अंदर
एक दाग बनकर रह गया है।

और तब सवाल उठता है—

क्या हर इंसान मे
एक ख़ामोश हाकिम
सोता नहीं रहता?

जो मौक़ा मिलते ही
जाग उठता है...

और फिर
किसी को अपने दायरे से
ख़ारिज कर देता है—
किसी प्लूटो की तरह...

शायद
सवाल अब भी वही है—

हम इंसान हैं...
या
अपनी ही फ़ितरत के कैदी

7. सरहदें

दिल में इश्क़, इश्क़ में हसरतें,
हसरतों में ख्वाहिशें...
ख्वाहिशें
मोहताज हैं किस्मतों की।

कहकशाओं में कायनातें, कायनातों में फ़ितरतें,
फ़ितरतों में नफ़रतें....
नफ़रतें
मोहताज हैं उल्फ़तों की।

दफ्तरों में अर्ज़ियाँ, अर्ज़ियों में फाइलें,
फाइलों के पीछे दस्तकें...
दस्तकें
मोहताज हैं दस्तख़्तों की।

अख़बारों में खबरें, खबरों में सियासतें,
सियासतों में सरहदें...
सरहदें

मोहताज हैं मोहब्बतों की।

8. फाइल

अर्ज़ियों की तह बनाकर
एक फ़ाइल चली है,
दफ़्तर में धीरे-धीरे
इस मेज़ से उस मेज़ तक।

और फिर ठहर गई, थक कर...
एक बड़ी मेज़ पर।

मेज़ से अब वो
बंद है ,एक अलमारी में...

अलमारी से निकलती है,
फिर घूमती है,
उछलती है,
मेज़ दर मेज़ बदलती है।

पैरों से अपाहिज है मगर,
बेबस फ़ाइल
चलती बहुत है।

9. नई दिल्ली

कभी जो तख़्त पे जलवा-फ़रोज़ थे बादशाह,
जिनके इशारों पे झुकता था आसमाँ का निज़ाम।

वो ताज, वो जाम, वो ज़र्रों में ढली हुई शौकत,
हर एक साँस में बसा था जहाँ-ए-तमाम।

दरबार में उनकी इक सदा काफ़ी थी,
कि लाखों सर झुकें,बिना किसी इल्ज़ाम।

हवा भी चलती थी अदब के दायरे में,
ज़मीं भी ओढ़ती थी उनके क़दमों का एहतराम।

शाहों की शान थी, वो दरबारों की चमक,
अब गर्द में लिपटे हैं सब अरमानों के नाम।

वक़्त ने छीना है यूँ रुतबा-ए-सल्तनत,
पत्थर पे रह गए बस कुछ निशानों के नाम।

न रहा वो तख़्त, न रहा वो ताज,
न वो हैबत, न वो एहतराम।

दिल्ली की सड़कों
पे हैं बादशाहों के नाम,

10. गुएर्निका ...

जंग के ज़िंदा बयान की तस्वीर हूँ मैं,
मैंने एक शहर को मरते देखा है।

काली-सफ़ेद लकीरों के सन्नाटे में,
मैंने आवाज़ों को बिखरते देखा है।

जब माँ की कोख क़ब्र में ढल जाती है,
मैंने चीख़ों से आसमाँ फटते देखा है।

जानवर भी ज़ख़्मी, डरे,सहमे से,
पत्थर सी आहों को पिघलते देखा है।

उजाले तो उजाले, यहाँ अँधेरे भी घायल हैं,
मैंने हर नूर को धुएँ में सिसकते देखा है।

टूटे हाथ, बिखरे बदन, टूटी तलवारें,
सहमे हुए फूलों में उम्मीदों को टूटते देखा है।

और गुएर्निका
हर दौर से बस पूछती है यही..

क्या जंग से बड़ा कोई गुनाह है कहीं?

....

पाब्लो पिकासो द्वारा 1937 में बनाई गई गुएर्निका

गुएर्निका बास्क देश के बिस्के प्रांत में स्थित एक शहर है। स्पेनिश गृहयुद्ध के दौरान, इसे रिपब्लिकन प्रतिरोध आंदोलन का उत्तरी गढ़ और बास्क संस्कृति का केंद्र माना जाता था, जिससे एक लक्ष्य के रूप में इसका महत्व और बढ़ गया।

पिकासो की देशभक्ति और न्याय की भावना ने भौगोलिक स्थिति को पीछे छोड़ दिया। जब 1937 में नाजियों ने स्पेन के गुएर्निका शहर पर बमबारी की, तब तक वह कई वर्षों से अपने जन्म देश स्पेन नहीं गए थे। उस समय वह पेरिस में रह रहे थे और फिर कभी अपने जन्मस्थान पर रहने के लिए वापस नहीं लौटे। फिर भी, इस हमले ने, जिसमें मुख्य रूप से महिलाएं और बच्चे मारे गए, कलाकार को अंदर तक झकझोर दिया।

हमले की खबर 1 मई, 1937 को पेरिस पहुंची। रिपब्लिकन समर्थक होने के नाते, पिकासो इस खबर से बेहद भयभीत हुए और उन्होंने गुएर्निका भित्ति चित्र के प्रारंभिक रेखाचित्रों पर काम शुरू किया। 1940 के दशक में, एक जर्मन अधिकारी ने पिकासो के अपार्टमेंट में गुएर्निका की एक तस्वीर देखी और पूछा, "क्या यह आपने बनाया है?", जिस पर पिकासो ने उत्तर दिया, "नहीं। आपने बनाया है।"

11. द परसिस्टेंस ऑफ मेमोरी

गुज़रे वक़्त का जनाज़ा उठाए फिरता हूँ,
अपनी ही यादों को दफ़्नाए फिरता हूँ।

ये जो घड़ियाँ हैं,पिघलती हुई ख़ामोशी में,
इनमें क़ैद लम्हों को सजाये फिरता हूँ।

ना टिक-टिक है, ना कोई सदा बाक़ी,
बस एक सन्नाटा है,जिसे गुनगुनाए फिरता हूँ।

वो शाख़, जहाँ उम्मीद टांगी थी कभी,
अब उसी पे अपने ख़्वाब सुखाए फिरता हूँ।

एक चेहरा है,बेनाम, बेहिस, बेजान,
उसी में अपनी शक्ल छुपाए फिरता हूँ।

ये चींटियाँ... ये मेरे अरमानों की लाशें हैं,
जिन्हें हर रोज़ ख़ुद ही जलाए फिरता हूँ।

वक़्त,जिसे हमने ख़ुदा समझ रखा था,
मैं उसी को आज ठुकराए फिरता हूँ।

ना मंज़िल का पता, ना रास्तों का यक़ीं,
बस अपनी ही धुंध में भटकता फिरता हूँ।

मैं रेत की मानिंद बिखरता ही गया,
और ख़ुद को मुट्ठियों से गिराए फिरता हूँ।

....

"द परसिस्टेंस ऑफ मेमोरी" , चित्रकार साल्वाडोर डाली द्वारा 1931 में पूरी की गई यह कृति, जिसे सॉफ्ट वॉचेस या मेल्टिंग क्लॉक्स के नाम से भी जाना जाता है , डाली की सबसे प्रसिद्ध कृतियों में से एक है। डाली के जीवनकाल में हुए वैज्ञानिक विकास के प्रभाव को दर्शाती है। कठोर लेकिन स्वप्निल दृश्य फ्रायड के स्वप्नलोक पर जोर को प्रतिबिंबित करते हैं, जबकि पिघली हुई घड़ियाँ आइंस्टीन के सापेक्षता के सिद्धांत का संकेत दे सकती हैं, जिसमें वैज्ञानिक अंतरिक्ष और समय के विरूपण का जिक्र करते हैं। चित्र में समय के संदर्भ में केवल जेब घड़ियाँ ही नहीं हैं। रेत समय की रेत और रेतघड़ी की रेत का प्रतीक है। चींटियों का शरीर रेतघड़ी के आकार का है। दृश्य पर छाई छाया सूर्य के डूबने का संकेत देती है, और दूर स्थित समुद्र अनंत काल या शाश्वतता का प्रतीक हो सकता है। चित्र में मौजूद तीन घड़ियाँ अतीत, वर्तमान और भविष्य का प्रतीक हो सकती हैं, जो सभी व्यक्तिपरक हैं और व्याख्या के लिए खुले हैं, जबकि चौथी घड़ी, जो नीचे की ओर पड़ी है और विकृत नहीं है, वस्तुनिष्ठ समय का प्रतीक हो सकती है। दूर किनारे पर पड़ा अंडा जीवन का प्रतीक है, जो स्मृति की तरह, समय के टूटने या विकृत होने के बावजूद भी कायम रहने की क्षमता रखता है। यह अंडा कलाकार के

अतियथार्थवादी काल के दौरान कठोर और कोमल के परस्पर मेल के प्रति उनके जुनून का भी प्रतीक है। "द परसिस्टेंस ऑफ मेमोरी" में मौजूद कीड़े, एक घड़ी के चेहरे पर मक्खी और दूसरी घड़ी पर चींटियाँ, अलग-अलग रूप से मृत्यु, विघटन और/या समय के साथ एक परजीवी संबंध का संकेत देते हैं।

यह पेंटिंग, 1934 से न्यूयॉर्क शहर के मेट्रोपॉलिटन म्यूजियम ऑफ आर्ट में रखी हुई है ।

12. ओशो कलाम

वो ख़ामोशी में भी इंक़लाब लिख देता था,
अल्फ़ाज़ कम,मगर दिल का हिसाब-ए-दिल लिख देता था।

न उसने कोई राह थोप़ी, न मज़हब की दीवार उठाई,
बस आईना थाम कर,तुझे खुद से ही रू-ब-रू करवाई।

जहाँ लोग जवाब ढूंढते हैं किताबों के सफ़हों में,
वो सवाल जगा देता था,दिल के गहरे समंदरों में।

ना रीत, ना रस्म,ना क़ैद का कोई निशान,
ओशो के लफ़्ज़ों में बस हुर्रियत का ऐलान।

"छोड़ दे ये शोर, ये दुनिया के क़िस्से-ओ-अफ़साने,
ख़ामोशी में जो सुकून है,वो ही हैं असली ख़ज़ाने।"

ना नमाज़ में, ना पूजा में,वो राज़ मिलता है,
जब इंसान खुद से मिले,तभी हक़ दिखता है।

ये जिस्म तो बस एक साया है,फ़ानी सी एक हवा,
असल में जो तू है,वो है नूर-ए-रूह, वो है अस्ल-ए-वफ़ा।

“मौत से डरता है जो,वो जीता ही कहाँ है,
जो खुद को जान गया,वो मरता ही कहाँ है।”

13. गिलगमेश

वो गिलगमेश था,शौकत का मालिक, दिल में ख़ौफ़-ए-फ़ना लिए,
हर सांस में एक सवाल,क्या कोई राह है ख़ुलूद की, क्या कोई सिलसिला लिए?

उरुक की फ़ज़ाओं में उसका ही नाम गूंजता था,
मगर तन्हाई में दिल,अबदियत का राज़ पूछता था।

फिर मिला उसे एन्किदु,जैसे रूह को आईना मिल गया,
दोस्ती में उसने जाना,इंसान होना क्या मिल गया।

मगर जब वो बिछड़ा,खामोश हुआ हर एक साज़,
तब समझ आया,ज़िंदगी भी है बस एक अंदाज़।

वो निकला सफ़र पर,ला-फ़नाई की तलाश में,
रेत, दरिया, साया,हर एक एहसास में।

पुकारा उसने उत्नापिष्टिम को,
"मुझे बता दे वो राज़,जो छुपा है तेरे पास में!"

वो बोला,

“इंसान है तू, तेरा मुक़द्दर है फ़ना,
ख़ुलूद सिर्फ़ अफ़साना है,या रब का करम बना।”

नींद से हार गया वो,थक कर गिर पड़ा राहों में,
ख़्वाब-ए-जावेदां टूट गया,वक़्त की ही बाँहों में।

एक पौधा मिला,उम्मीद का, बक़ा का पैग़ाम लिए,
मगर एक साँप ले गया,क़िस्मत का इल्ज़ाम लिए।

तब उस ने देखा,आसमां भी खामोश था,
और दिल के अंदर जैसे,कोई सच बेहोश था।

फिर समझा,
ना अज़लियत इंसान की, ना दायमियत फ़ज़ल की,
जो बाक़ी रह जाए—वो है कहानी अमल की।

वो लौटा , मगर अब बदल चुका था,
जो अमरता ढूंढता था,अब मायने में ढल चुका था।

अब उसकी ख्वाहिश थी,नाम हो जावेदां,
अमल हों ऐसे,कि इंसानियत रहे मेहरबां।

14. गाँव की गलियों से

अब भी कभी-कभी
गाँव की खुशबू चली आती है,
शहर की भीड़ में
अचानक साँस ठहर जाती है।
याद आता है वो आँगन,
जहाँ धूप भी अपने जैसी लगती थी,
बरगद की छाँव में बैठी दुपहर,
जैसे ज़िंदगी वहीं रुकती थी।
वो पगडंडी...
जिस पर नंगे पाँव दौड़ते थे हम,
अब वही रास्ते पूछते हैं,
"क्यों बदल गए हो तुम?"
कुएँ का पानी,
अब किसी बोतल में नहीं मिलता,
और वो सुकून...
अब किसी शोर में नहीं मिलता।
गायों की घंटियों की आवाज़,
कोयल की मीठी पुकार,
सब जैसे पीछे छूट गए हैं,
वक़्त के उस पार।

हम तो शहर आ गए रोटी की तलाश में,
पर दिल आज भी अटका है
उस छोटे से गाँव की आस में।
सच तो ये है,

हम गाँव छोड़ आए ,
पर गाँव .. आज भी..
हमें छोड़.... नहीं पाया ...

15. उम्मीद

वो चले गए तो क्या, दिल में ठहरी उसकी गलियाँ,
तुमसे बिछड़ के भी हमको ही पुकारें सूनी गलियाँ।

तुमने छोड़ा जिन्हें, वो छोड़ न पाईं हमें,
तुमसे ज़्यादा वफ़ा करती हैं तुम्हारी गलियाँ।

वक़्त बदलता रहा, लोग बदलते ही रहे,
पर सदियों से वहीं खड़ी हैं, बेचारी गलियाँ।

हम लौटेंगे कभी,ये यक़ीन उनको भी है,
रास्ता तकती हैं, आँखों में ठहरी गुमसुम-सी गलियाँ।

16. मुफ़लिस शायर

ये छत भी अजब है कि टपकती ही रही,
हम ख़्वाब बुनते रहे, रात बहकती ही रही

न था कोई हमदम, न कोई सुनने वाला,
बस दीवारें थीं कि ख़ामोश हँसती ही रहीं।

वो ठंडी सी भट्ठी, वो अधूरी सी ग़ज़ल,
ज़िंदगी अपनी ही आग में सुलगती ही रही।

सरहाने जो रखी थीं कुछ टूटी सी किताबें,
वही रूह को मेरी राहतें देती ही रहीं।

ये फाक़ा भी अजीब है,न मारता, न जीने दे,
मगर ख़याल की दुनिया तो सजती ही रही।

हम फकीर-ए-इश्क़ ठहरे, हमें क्या दौलत से,
हमारी बादशाही तो तन्हाई में बसती ही रही।

कोई पूछे तो कह दें कि मुक़द्दर यही था,
कलम चलती रही और साँस चलती ही रही।

17. इस जहां में

नब्ज़ चलती है, ज़ुबाँ भी चलती है,
सीने में धड़कनों की सदा भी चलती है।

अच्छा हुआ तू जुदा हो गई मुझसे,
वरना हर बात में तेरी अदा भी चलती है।

ज़ेहन में तेरी यादों का अजब सा आलम है,
दिन भी कटता है, शब भी चलती है।

बहुत मुश्किल है तुझे दिल से भुला पाना,
हर शब तेरी यादों की दुआ भी चलती है।

नींद आती है मगर सुकूँ ठहरता ही नहीं,
ख़्वाबों में तेरी मुलाक़ात भी चलती है।

सब हैं मुसाफ़िर इस राह-ए-ज़िंदगी में,
हर किसी की अपनी एक दिशा भी चलती है।

जो चलते रहे हिम्मत से इस जहाँ में,
बस उन्हीं की ज़िंदगी सदा भी चलती है।

18. सफ़र

रेत के सन्नाटे में फिरता हुआ मैं,
यादों की धूप में जलता हुआ मैं।

परछाइयों की ख़ामोश पनाहों में,
ख़ुद को ही चुपचाप पलता हुआ मैं।

टूटे हुए लम्हों की किरचों के बीच,
हर दर्द को हँसकर सहता हुआ मैं।

वक़्त की मुट्ठी से फिसले हुए पल,
हाथों में रेत सा भरता हुआ मैं।

आईना भी अब पहचानता नहीं,
चेहरों में अपना ही खोता हुआ मैं।

ख़्वाबों की मय्यत उठाए कंधों पर,
हर रोज़ ख़ुद को ही दफ़नाता हुआ मैं।

ना मंज़िल, ना रास्तों का कोई यक़ीं,
बस यूँ ही सफ़र में भटकता हुआ मैं।

19. बीमार माँ

माँ पे जो वक़्त आया, हम ही साथ रहे,
सब थे आसपास लेकिन बस जज़्बात रहे।

जब वो बिस्तर पे थीं ख़ामोश सी पड़ी,
घर में लोगों के आते-जाते सिलसिले रहे।

हर कोई दे गया अपनी-अपनी नसीहतें,
हम ही रातों में जागे, हम ही परेशान रहे।

दर्द की दास्ताँ किसे सुनाते आखिर,
सबके लफ़्ज़ों में बस खोखले जुमले रहे।

आज वीरान है घर, ना वो महफ़िल कोई,
जो थे रोज़ आने वाले, अब कहाँ रहे।

फ़ोन पे पूछते हैं हाल बड़े एहतराम से,
पास आने के मगर सबके बहाने रहे।

सच यही है कि रिश्ते भी बदल जाते हैं,
जब तक काम रहा, तब तक ही साथ रहे।

माँ की आँखों में मगर आज भी देखा मैंने,
बस मेरे ही लिए दुआओं के उजाले रहे।

20. आसमाँ

1

"आसमान की ख़ामोशी"

आसमान–
इतना फैला हुआ,
फिर भी कितना ख़ामोश है...
ना कोई शिकवा,
ना कोई आवाज़,
बस बादलों के लफ़्ज़
कभी-कभी गिर पड़ते हैं...
शायद,
ख़ामोशी भी
एक तरह की ज़ुबाँ होती है...

2

आज बादल आए थे,
कुछ भीगे-भीगे अल्फ़ाज़ लेकर...
कहते थे–
आसमान ने भेजी है ये चिट्ठी,
जिसमें लिखा है,

“मैं दूर सही,
पर हर नज़र में रहता हूँ...”
मैंने हथेलियाँ खोलीं,
और बारिश को पढ़ने लगा...

3

वो नीला है....
या बस दिखता है?
कोई कहता है,
ये रोशनी का खेल है,
और दिल कहता है,
ये ख़्वाबों का रंग है...
सच क्या है,
शायद दोनों के बीच
कहीं ठहरा हुआ...

21. ग़ज़ल मिट्टी की..

गाँव की गलियाँ गुनगुना रही हैं,
वही फ़िज़ाएँ मुझे फिर बुला रही हैं।

वो ख़्वाब-सी सुबहें, वो नर्म सी शामें,
यहाँ की रातें मुझे फिर रुला रही हैं।

चूल्हों की आँचों पे महकती रोटियाँ,
वही भूख दिल को फिर सता रही हैं।

मटके का पानी, वो सोंधी सी ठंडक,
लबों पे वही प्यास फिर आ रही हैं।

पीपल की छाँवों में, झूलों से बातें,
वो दोपहर की धूप मुझे बुला रही हैं।

पगडंडियों की वो मिट्टी सुनहरी,
हर इक तस्वीर दिल को सजा रही हैं।

नानी की बातें, वो छत पे बिस्तर,
नींदें यहाँ की अब कहाँ आ रही हैं।

ये साज़िशें, ये फ़ासलों का आलम,
शहर की मजबूरियाँ आज़मा रही हैं।

आमों के बग़ीचे, वो खेतों की रौनक,
तन्हाइयाँ भीड़ में फिर सता रही हैं।

गाँव की गलियाँ मुझे फिर बुला रही हैं,
ख़ूबसूरत सी ग़ज़ल गुनगुना रही हैं।

22. मेरा ऑर्बिट

निक्की ... तेरे नाम में बसता है नूर-ए-हयात,
तेरी वफ़ा से महकती है मेरी सारी कायनात।

तूने जो तर्क की राह-ए-रोज़गार की मंज़िल,
ये तेरी उल्फ़त की बुलंदतर इनायत है।

ख़िदमत-ए-अम्मी में तेरी वो सादा सी अदा,
हर अदा में झलकती मुकम्मल इबादत है।

औलाद की मुस्कानों में तेरी मेहनत की चमक,
तेरे हाथों में बसी घर की सारी बरकत है।

तूने जो अपने ख़्वाब ख़ामोशी से तह कर दिए,
ये तेरे इश्क़ की सबसे हसीं कुर्बानियत है।

तेरी सादगी में भी इक नूर-सा ठहरा है,
तेरे होने से ही मेरा हर दिन रौशन है।

ऐ मेरी हमसफ़र, मेरी रूह का सुकून,
तेरे होने से ही ज़िंदगी मेरी मुकम्मल जन्नत है।

www.ingramcontent.com/pod-product-compliance
Lightning Source LLC
Chambersburg PA
CBHW070650240926
51846CB00003BA/852
9789375434023